쇠똥구리의 은하수

쇠똥구리의 은하수

최 희 명 시집

초판 1쇄 인쇄 · 2025년 1월 20일
초판 1쇄 발행 · 2025년 1월 25일

지은이 · 최 희 명
펴낸이 · 윤 영 희

발행처 | 도서출판 동행
출판등록 | 2011. 6. 8. 제301-2011-098호
주 소 | 서울시 중구 을지로14길 16-11
전 화 | 02-2285-2734, 2285-0711
팩 스 | 02-338-2722

값 12,000원
ISBN 979-11-5988-042-1

쇠똥구리의 은하수

최 희 명 시집

동행

自·序

깃발

긴 긴 밤 기도로 실을 잣아
살과 피 북에 실어 베를 짜냈다
별다운 별 끄나풀 걸어 맹세를 했다
그림자 몸으로 파고드는 정오 붉은 해에
붓 적셔 담대한 우주를 쓴다
때로 고요는 묵시록처럼 음험하다
땅끝으로부터 말발굽 달려와
높은 봉우리 활엽, 떨리는 노래 소리로
너와 나의 눈빛 그을려 나부낀다
가라앉아 스며들면 죽음이다 펄럭여라
접어 갇히면 혼령이다 나부껴라
짓눌린 등 쓰다듬고 온 바람 불러라
펄럭일수록 잰걸음
수억만 비트 저장하고 시침 떼느니
모두보다 앞에서 나부껴야 삶이다
모두보다 위에서
펄럭여야 뜻이다

Contents

Contents

제2부 바람의 송가

Contents

제3부 아버지의 바다

Contents

제4부 초인과 나와 개미

제 1 부
달빛 사진

가슴을 진단하다

위아래서 조이는 *맘모그래피 사이
그러모으는 가슴이 한조막이라
어린 간호사 이마에 잔구슬이 반짝인다
주체할 수 없는 동경을 가슴에 두던 때가 있었다
바람으로 부풀어 봉긋하던 동경에 멍울이 커지고
유선이 팽창하여 통통 불어난 분노를 붙들고 다녔다

어둠이 다녀갈 때마다
빛이 스쳐갈 때마다 가슴이 탄로났다
젖에 대한 모라토리엄을 선포하던 날부터
단술 냄새를 풍기며 삭기 시작했다
톺아보지 못한 생의 페이지 사이에서
포도의 낙엽처럼 젖어붙었다
탯줄에서부터 살려온 불씨가 천천히 잦아들고
깨알 같은 일기를 모공마다 품은 가슴
재를 모아 숯을 일궜다
한조막의 가슴은 숯으로 함축한 성스러운 밭뙈기
비가 내리면 고사리들이야 숯의 영양으로 자랐다
어린 간호사 이마에 땀방울이 반짝이는 건
가슴 진단기 앞에
고사리밭 한뙈기를 그러모은 것

달이 들지 않는 개펄과
가지가지 말라붙은 유선
창백한 모세혈관으로만 남아
성근 가슴이라 해도
한때 욱신거리던 선홍의 의지를
그러모은 것
다시 불씨를 만난다면 활활 타오를 수도 있는
숯덩이를 확인한 것
그리고 가슴과 세상 사이에는 언제나
삐죽거리며 진땀이 흐른다는
사실을 보는 것

* 맘모그래피 : 유방암을 진단하는 의료기

가을 수채화

여름이야 그저 소낙비 몇 번
화답하듯 바다의 성난 물너울 몇 번
허공에 숨 매달고 화끈 달아
허물 몇 번 벗고 나면 훌쩍
칠월 두 달 팔월 석 달
기다림으로 젖어 익으면
오롯하게 남는 가을
깊고 넓어라
폐로 돌아온 호흡 가라앉혀
올려다본 하늘조차 푸르게 깊어라
땡볕 지친 오후에는
테네시의 그대도 바람의 눈으로 보이겠다
한 시 한 마음을 한 폭에 담을 수 없어
쪼개고 나누어도 또 한 마음
허공의 깊이로
바람의 부피로 번져간다
물이끼처럼 불투명하던 그대의 꿈이
불그레 마르며 내게로 오던 날
우리들의 긴 이야기가 시작되고
테네시는 조금씩 태평양을 건넌다
초록 깨달음 엎드려

대지의 나이테를 붉게 두르고
여름이 말라붙은 캔버스에
그대와 나의 계절이 젖는다

거리두기

친구가 없는지
효성이 깊은지
주말이면 어김없이 술을 사들고 오는 아들
술이 먼저 오면 안주는
어김없이 조연이다
술에 취할 때까지는
안주가 주연인 줄도 모르는 가족관계

그는 미식가
내 그렇게 키워서
입맛이 세계적 다중이다
한창인 아들과 술 한잔하려면
내가 만들어 준 그 입맛에 맞춰 안주를 만들다 보면
늙어갈수록 심술이 늘어
아들이 그렇게 싫어하는 매운맛이라 해도
계란찜에조차 청양고추를 살짝 뿌린다
싫으면 지가 하든지…

그의 어릴 적 소회와
자라면서 바뀌어 가는
그의 식성을 살펴

나와 합일하는 점을
유난히 살펴 준비는 하지만
그가 좋아하는 재료에
어느덧 나의 기호가 얹히고 만다
지금쯤 지 마누라
저희 기호를 만들었어야지
싫으면 지가 하든지…

감또개

꽃진 자리 똬리 튼 새끼감
꽃피고 져서 맺었으면 단감으로 자라야지
스치는 남실바람에도
힘없이 떨어져 내린다
나무는 흔들리면서 흔들리면서
초원의 맹수처럼
모자란 제자식을 떨군다

솎고 또 솎아 마지막까지 살아남은 단감
가을 햇살 아래 가지가 휜다
젖배 곯다 떠나간 언니 자리 떨어진 고물
홍역 앓다 딴 세상 간 남동생 몫
어찌어찌 챙겨 먹고 살아남은 육남매처럼

감또개 밀어내고 자란 단감
돌무덤 언덕 삼아 자란 아이들…

견우를 생각하며

병술년 칠월칠석
빈 베틀에 앉아
거미줄만 종일 뽑아낸 날
욕심 때문에 코피
한참 흘렸습니다
온통 붉은 서산 기슭에 앉아
게을러 죽은 옛 남편 생각
오래 했습니다

석양도 주저앉고
까막까치 동화책 속으로 숨어버리고
견우 없는 미리네
모래만 흘러갑니다

경포

시커먼 어둠 속에서
흩어지다 또 흩어지다
무겁고 두꺼운 물살
그리움 찾아 뭍에 오르다
또 밀려가
삶의 고개마다 흩어지던
아우성처럼
끝끝내 부서져도
아침이 올것을 믿으며
찢어진 살, 둥실 뜬 햇살이
꿰매줄 것을 믿으며
새살 돋는 바다
윤슬로 반짝일 것을 믿으며
그리움 하나로
새벽까지 철썩철썩 밀려가고
밀려오고…

고무장갑

여름 하늘은
봉숭아 꽃잎 손톱에 물들 때
푸르게 높고 푸르게 깊었다
평상에 누워
드믄 별 아래 초승달 아래
줄줄이 매달린 밤하늘의
검은 전선 무리 속내 모를 때
그 줄, 오작교가 되어라 기도하던
칠월칠석 즈음 더욱 높고 깊었다

케이블선이 오작교 되길 빌던 흰 손
세상 가장 맑고 붉던 손톱 지켜준 건
이십여 년 밤눈 밝혔던 등용문도
집문서 땅문서 아깝지 않던 고슴도치 사랑도
그리하였음으로 순서처럼 기다리던
사ㅗ자 돌림 왕자도 아니었다

손에 물 한 방울 안 묻히고 살게 해 주겠다는
거짓 약속은 메리야스곽 편지지에서 누렇게 바래고
가계부에 천 원이나 이천 원이라 적어 넣는
분홍 또는 붉은 고무손들이
여자의 신분을 지켜 준다
평상 위에서 꽃물 들던 꿈을,
소녀의 기도를 지켜 준다

골베개꽃

연분홍 테두리 하얀 꽃잎 다섯
진분홍 심장엔 노오란 꽃술 파르르
깊은 눈동자 아롱아롱 베갯모에 피었다

밤새운 베갯모 장롱에 모셔둔 채
두 팔 베고 깜박 졸던 어머니의 쪽잠
쓰르라미 속 쓰리다 우는 칠팔월
무궁화 깨어나면
어머니 오랜 쪽잠 행여 깰까
골베개 끌어안고 다섯 살 아이 되어
무궁화꽃 그늘 아래 선잠이 든다
꿈속에서 번져 피는 어머니 하얀 얼굴
베갯모를 수놓는 어머니의 젊은 손

골베개 여섯 골마다 어머니 냄새가 난다
어머니의 무궁화가 베갯모에서 핀다

꽃 잎

어디서 왔을까
꽃병이 놓였던 자리
지금은 밥도 먹지 않는 식탁 위
낮꿈처럼 몽롱한
꽃잎 한 장

어디로 갔을까
생일 꽃 번져 피던 식탁에서
함께 밥 먹던 사람
노란 얼굴 사진첩에만
이야기로 남은 사람

나는 홍어다

두 개라 만만하더냐
나는 두 개라 짱짱하더라
보기는 했더냐
양 날개 아래 버젓한 두 물건
천지가 창조되고 물건이 만들어지던 날
도야지는 나의 서슬에
물건 대신 새끼줄을 달았다더라

물 맑은 바다 붉은 바위 섬
규암석 누비며 자란 붉은 몸이시다
볏짚 속에서 삶보다 더 긴 죽음으로 삭으면서도
나는 말 한마디 안했다
그렇게 삭고 삭아 지금
발효된 내 몸값이 금값인 줄도 모르는,
두 개의 물건으로 이루는 내 몸
대칭의 의미조차 모르는 육지 피라미들아
너희 죽을 무덤보다 넓은 몸, 빛나는 지느러미로
트리풀악셀 눈부시던 기록을 아느냐
홍어 맛 모르거들랑
홍어좆 만만하다 얕잡지 말아라
만만한 건 나의 양물兩物이 아니라

변덕스런 너희 세 치 혓바닥이다
냄새나는 건 삭은 내 몸이 아니라
거머쥐고 놓지 않는 너희 검은 손아귀다
나는
붉은 고기 홍어다

내 친구 길도 2

동창회에서 딱 한 번
스치듯 보았던 내 친구 길도
여수에서 청담동까지
허리 수술 왔다고
수술 뒤가 안 좋아
다시 한번 왔다고
돌아가는 길
얼굴이나 보자고
멋쩍게 웃으며 왔다
14살에 보고
지천명 지나 마주 보는 얼굴에
시간의 고랑 많이도 패였다
고데구리배 기관실에 박혀
제 아버지가 평생 살던 기관실에 박혀
운명을 맞받아치듯 바다를 가르며
바람을 거스르며 뱃길을 낸 40년이
허겁지겁 뒤따라온 아버지의 뱃길이
손가락을 다섯 개나 잘라먹고
추간판 달아나고
척추관 쪼아붙고
볼 장 다 봐 부렀다고 껄껄 웃으며

삐쩍 마른 허리 복대를 하고
할매걸음으로 가다 쉬다 가다 쉬다
니나 나나 모진 세월 살았다며
그 지경에도 술잔을 대 보잔다
노래를 하잔다
입은 살아서 내 친구 길도
바람 든 무 같은 몸으로
*무슬목 봄바람 터지는 소리
잘도 한다, 썩을 놈

* 무슬목 : 물이 들면 바닷길, 물이 나면 뭍이 되는
여수 돌산의 이순신 장군 유적지

너와 나의 북위 38
—추위를 많이 타는 그대에게

북위 38도에 지금
폭설이 덕지덕지 덮이는데
너에겐 적도쯤 어울릴까
겨울에 핀 목련으로 여름을 살려 하는가
변덕스런 봄볕에 기대어
여름을 호흡하며 꽃대궁을 끌어잡는가
가을 찬서리 데불고 네 곁을 스쳐 미안하다
동백잎은 두꺼울수록 서럽게 떨어져 내린다
나는 오늘도 겨울에 있다

백조의 호수가 즐거운 너에게
보들레르를 들려주어 미안하다
무삭제 갱스터 초치를 보여 줘서 미안하다
초치보다 악의 시보다 차이코프스키가 더
추울지 알 수 없어 미안하다
사랑을 사랑이라 믿고 있는 너에게
사랑은 끝없이 치르는 것이라고
사랑은 미움과 관대함 사이에 있다고
말하다 웃어서 미안하다 그러나
하늘과 땅 사이에 지평선 같은 건 없다
새가 갑자기 높이 나는 일과

잠든 바다가 출렁이는 것에 대한
책임은 우리에게 없다
너와 나 사이에 아무런 횡선도
세상과 우리 사이에도 없다
두 선을 모으면 누군가가 쓰러지는
우리는 변함없이 평행선이다 미안하다

네모와 네모

동그란 나라에서 태어나긴 했어
갑작스런 우박에 잘리고 잦은 폭설에 눌리어
각이 자라기 시작했어

나는 네모
각이 각각 노는 네모
피곤한 너를 덮어 주기 위해
끈 떨어진 너와 묶이기 위해 각을 키운
나는 네모
너의 네모에 나의 네모를 밀착하면
더 큰 네모가 될 것도 같은데
아무리 다가서도
닿지 않는 우리의 각
물 흐르듯 흘러가는 동그라미 앞에서
더욱 뾰족해지는
나는 네모

너와 나의 면은 너무 길거나 짧아
혼자서만 선을 긋던 우리는 서로 기대는 방법을 몰라
서로의 꼴을 몰라
너는,

나는 어쩌면
마름모꼴이거나
사다리꼴이겠지만
아직은 서로 덧대려 하는
네모와 네모

우리는
곡선이 기억으로만 남아 있는
네모와 네모
늘 대보고 싶은
우리는 서로 사각지대

너의 우롱차

카펫을 펼쳐 조각난 노을을 덮는다 커튼으로 감싼 필라멘트에 부르르 생명이 돌면 너는 오로지 마셔야 한다 속눈썹 안쪽에 명함을 감추고 다리와 또 다리로 인사를 건네며 스무 살 갓 넘긴 *발렌타인 녀석도 근엄무비한 *윈저공도 *죠니 할아범 붉고 푸른 걸음걸이도 쪼르륵 마셔야 산다 물이 아닌 저 물들을 흔쾌히 받아 마셔야 살아도 죽을 수 있다 한 호흡에 들여 마신 우롱을 우롱차 캔에 뱉고 너는 이미 풀려 있는 명함들의 중심을 우롱한다. 우롱과 함께 우롱차 캔에 뱉고 남은 농후한 순도의 용기가, 뒤바뀐 대상의 우롱에 힘을 준다 풀어진 중심들이 처음인 양 눈물을 싼다 우롱 당할 줄 모르는 녀석들은 너의 우롱에 낄낄거린다. 우롱차 캔에 뱉었던 우롱을 이윽고 꺼내 씹으며 너도 함께 낄낄거린다 명함은 모두 바닥으로 떨어지고, 인형이 되고 싶었는지도 모를 너의 시간이 우롱차 캔 속에서 우롱으로 고인다

* 스카치위스키의 한 종류

니체와 힙합을

신과 숨바꼭질하다 니체를 만났다 익룡의 뼈처럼 가벼운 예감을 에로스 점자 만들어 바람을 피웠다 환락과 유혹에 수없이 나뒹굴다 겨드랑이 날개가 돋을 때쯤 겨누어진 칼날에 준비 없이 맞아 구두코 흩어지던 날, 책장에 죽어 있는 니체 갈피에서 신은 부활했다 책장 문을 닫기도 전에 성포를 걸쳤다 유년의 기도를 업데이트하는 붉은 십자가 밑에 먹빛 은혜 가득했다 사탄은 오래전에 어둠을 매각했다 십자가보다 밝은 살빛 거리를 경락받았다 사랑도, 기타 너절한 것들까지도 어둠과 결탁한 빛의 화폐로 쓰이고 세상에 땅이란 땅들 네모로 반듯하다 네모의 각마다 동그란 얼굴 가득하다 명문 로고 빽판 파피루스는 무한한 넓이로 죽어 버린 신, 부활한 신을 만들어낸다 네모난 땅과 동그란 얼굴을 덮어 진리를 수놓으니 힙합보다 젊다 무대의 중앙에 섰건만 힙합은 오히려 필사적이다 저만의 대지를 터지도록 보듬은, 혀끝에만 머무는 꿀맛에는 단잠이 없다. 신장보다 짧은 진리를 일깨우려 미드와인에 취해 자해를 일삼는 밤, 책장으로 니체를 만나러 간다 기다렸다는 듯 문이 열리고 갈피 사이에서 걸어 나온 니체와 힙합을 춘다

yo yo 별이 빛나고

yo yo 신은 죽어 간다

다래끼

그냥 두어도
곪아 터지면 새살이 날 터였다
기다림이 짧아서
누런 고름이 흉측해서
의사 처방도 없이 항생제를 먹었다
어정쩡해진 다래끼, 콘크리트처럼 굳어
속눈썹 밀어내고
그 자리에 웅크리고 서 있다
두들겨 맞은 남동생처럼
공부하려다 잔소리 들은 아들처럼

훔쳐 먹다 목에 걸린 과일처럼
헤어지지도 않고 이별한 사랑처럼
힘든 세상 힘들지 않다고 말한 후
터지다 만 울음처럼, 딸꾹질처럼
항생제 먹은 다래끼
어정쩡하게 고름이 굳어
살도 아닌 것이 뼈도 아닌 것이
성정만 빳빳한 다래끼

달빛 사진

볼 붉던 열일곱에는 흑백으로 찍었네
공장 다니는 친구들과 팔달산에서 찍었네
누구나 그렇듯 사랑이 찾아왔네
그 사랑 품에 안겨 서장대를 빌렸네
첫아들 손을 잡고
강감찬 장군 동상 병풍 세웠네

달빛 동행하여 행궁을 돌아
성군 정조 효심으로 쌓은 성벽 따라 오르니
북암문 방화수류정에 용지대월 덩시렀네
성균관 유생 셋째 아들이
이제는 귀밑머리 희끗희끗한 어미 모습을
달무리 화관 얹어 셀폰으로 찍어주네
이백이십 년 화성 역사에
나의 오십 년도 달빛 아래
사진으로는 어엿하네

달리아

고개를 숙이고 싶어
숙인 건 아니야
목숨보다 꿈이 커서
국화 정도의 꽃으로는
설명할 수 없었어
겹과 겹 사이
색이 바뀌는 지점까지
하얀 꿈이 빨갛게 번지는
꿈의 궤도를 클로즈업해서
숙연하게
보여 주고 싶었을 뿐

제2부 바람의 송가

담쟁이

어디까지 오르고 싶었을까
손가락 짚은 곳마다 콕콕
발가락 디딘 곳마다 꾹꾹
자일 따라 흑싸리 같은 점점들
수직의 잿빛 사막에
사막의 붉은 살점에
촉수 따라 찍어 놓은
오래된 검은 발자국 위로
한 바퀴 돌아온 초록이 얹혔다
엇박자로 오르는 다섯 손가락
쉼표로 찍고 가는 여섯 발가락
멍울멍울 핏자국 시퍼렇다
한 땅에 뿌리 둔 담을 업고
담보다 높은 곳으로 빛을 향해 올랐다.
마침내 수평을 만나는 날
눈부신, 그 막막한 허방 아래
민망한 얼굴 붉히며
박제로 남을 줄 몰랐을까
세포의 세포들 밟고 지나갈 줄
미처 몰랐을까
목메던 그 빛으로 죽을 줄
차마 몰랐을까

돌쩌귀에 부는 바람

여름 아이가 태어났다
늦여름 더운 바람은
선풍기 날개를 통해
더욱 뜨거워졌다
가쁜 숨 사이로 모공 사이로
뜨거운 바람이 파고들었다
아이에게 젖을 물리는 가을 동안
바람은 계절보다 빠르게 식었다
열렸던 몸이 닫히고
마음이 닫히고
골목이 얼어붙었다
바람은 돌아갈 길을 잃었다
핏속으로 뼛속으로 흘러 다니다
돌쩌귀 삐걱거리는 그곳에
웅크리고 서 있었다

서걱서걱 얼음 소리를 내며
내 몸의 돌쩌귀마다
아직도 불고 있다
여름 아이가 자라
엊그제
겨울 아이를 보았는데도…

등대에게 묻다

덤불과 파도의 중간쯤에
등대가 있다
산을 뛰어넘어 바다를 가로질러
가야 할 길이 고삐를 흔들 때마다
눈에 핏발처럼 번득이는 불꽃이 일어
다급한 마음에 용심이 일어
응시하면 마중 나왔을 등대
그 빛을 보지 못했다

돌아가는 길
바람에 찔리고 파도에 멍들어
곤죽이 되어 돌아가는 길
눈에 일던 번득임 사라지고
욕심이 분해되고
터덜터덜 패잔병으로 돌아가는 길
빈 눈으로 바라본 어둠 속에
등대가 있다
갈 때 틀어진 길을
돌아오며 묻는다

이제야 묻는다
등대에게 묻는다

마지막 썰물

바다는
소금을 찾아 떠나갔다

파도가 빗겨주던 바위들의 초록 머릿결
갈잎으로 쇠어간다
하늘거리던 미역 잎사귀
튀겨낸 듯 버석거린다
작은 게들은 옆으로 굳어 있다
환충들은 땅굴을 파고 탈출하여
마을의 우물을 훔치고 다닌다
타는 듯한 태양 아래 입 닫은 껍데기들
뻘끔뻘끔 목숨만 남아있다
어제는 개펄 깊은 곳 나팔꽃이
굶어 죽었다

개펄이 메말라간다
뻘밭에 점점이 떠 있는
붉은 별들의 아우성 뒤로 한 채
바다는
돌아오는 길을 모른다

막내

내일
서른다섯에 본 막내아들이
고등학교 졸업사진을 찍는다

여덟 살부터 쇠구들에 키운 막내아들이
떠난 애비 바람 피해 수없이 전학을 해도 시침 떼고
마음으로만 보듬어 키운 꼬맹이 아들이
어쩌다 보니 옛사람, 지 애비보다 훌쩍 크다

종일 나의 지구를 떠받히던 볼단 들무새 두 다리
평생 걸어도 가장 낮은 곳에조차 이르지 못하는
벌거숭이 두 다리 꼬부리고 앉아
반빗질에 늘어져 툴툴대는 손목 달래가며
막내아들 교복을 비벼 빤다

어쩔 수 없는가 애비 닮아 시원한 목선
뽀얀 목덜미 어울리도록 칫솔로 문질러 씻고
저 홀로 모의고사, 기말고사, 생각만큼 분주했던 손목
따뜻한 물마사지로 헹구어 새벽 한 시에
감기는 눈 채찍질해 다리미 다린다

천둥 울고 번개 칠 때 한창 자란 아들
창문 어두웠던 고교 시절 기억도 행여 어두울까
터울 높은 형들 그늘 밑 있는 듯 없는 듯 거저 컸는가
오늘이 이나마 챙겨주는 마지막일까
축축한 교복 거두어 미래거니 펴서 다린다
숨어 고인 울분 남았을까 바짝 다려 말린다

*만천명월주인옹

당신은
디지털 대포로도 뚫리지 않는
눈썹돌 가슴을 가졌어요
사나운 발자국에도 숨지 않고
한 걸음 앞 봉돈 위에 있었어요
반듯하나 미욱한 직선을 구부려
땅의 결을 따라 사람의 터를 보듬어
곡선으로 심장을 키웠어요
강도 길도 일자一字로만 뚫고 나가는 오늘에도
나뭇잎 닮은 당신의 성, 원형의 이백 년 호적
만국의 귀감이어요

묵 쑤고 고기 볶아 채소 버무려
탕탕평평 거두어 먹였지요
밟힌 풀도 아프지 않게
형식의 회초리에도 다치지 않게
이유 없이 그을린 옛 아버지들 이름에서도
어둠을 거두었지요
물결 꺾일 때마다 천년만년 잘도 거슬러 온
시커먼 *솔피들에게 한평생 악수를 청했지요
솔피들 그 손 앗아 또 한 번 물결을 꺾었어요

당신의 물결 한 갑자만
딱 한 갑자만 푸르게 흘렀어도 극동 조선
식민 없이 하나로 여태 밝을 것을 알아요

운한각에 들어 당신을 보아요
오늘도
당신이 키워온 심장 가슴마다 있어요
옛 시간에 가두어 누르고 살아요
물은 돌고 돌아 지금도 화홍 남수를 통하는데요
당신의 심장을 한 번 쿵쿵 울려 주세요
성곽 넘어 여의나루까지 피가 돌도록
곡선으로 곡선으로 성이 흐르도록

* 만천명월주인옹 : 정조대왕의 호
* 솔피(범고래) : 정조 승하 후 정약용은 '솔피의 노래'를 지어 정조시해설을 주장했음

말기

월남전 한창일 때
기장면 죽성리 에덴에서는
열일곱, 열아홉 순정 터질 듯 부풀어도
치마 말기 야무지게 가슴을 누르고 살았지
박 아무개 장로 왈
천 년 성을 짓는데 출렁이는 젖통은
사내들의 힘을 뺀다데
열다섯 살 나는 누를 것도 없었어

월남전 끝날 즈음 사람들은
비슷한 물건을 브래지어라고 불렀지
누를 줄만 알던 에덴의 가시나들은
뽕뽕 세우는 브래지어가 너무 무안했어

전쟁도 안 하는데 머스매들은
그물 옷을 입고 사타구니에 말기를 대고
텔레비전에 나와 노래를 부르네
우리 때는 가시내 젖 큰 것이 숭이었는디
요새는 머시매 거시기도 숭인개비여
저놈들도 천 년 성을 짓는지
빤스 대신 말기를…

〉

지금이나 그때나 제정 로마 때나
세울 건 누르고 누를 건 세우는
말세는 변함없이 말세여

메밀꽃 그대

그대를 처음 본 날은
메밀꽃 희게 피던 날
그대의 떨리는 목소리
잘게 부서지던 웃음
세월 갈수록
메밀꽃 닮았어라

지금쯤
봉평 어디쯤에
내 스물일곱처럼 메밀꽃 하얗게 피면
대화장 파장 뒤
여우재 넘은 여울물 큰소리치면
봉평 촌스런 반달 기웃기웃
여울물 비추면
달 받은 메밀꽃밭 어귀
청바지 받쳐 입고
메밀꽃 닮은 그대가
떨리는 목소리 그대가
해맑은 도시의 낯빛으로
*메밀꽃 피다, 조용히
외칠 것 같아

〉
세상 하나뿐인 그대가
끝없이 피어나는 그대가
메밀꽃 피다, 말없이
외칠 것 같아

* '메밀꽃 그대'가 쓴 시집 제목

멍

그가
나의 등을 물었다
웃고 있는 그의 송곳니에서
파란 피가 흘렀다

뿌연 욕실 거울 속
시커먼 이빨 자국
가슴에 번져 있었다

오늘
전화번호 하나를
지웠다

3번 갈빗대 속에
멍 하나가
늘었다

모기

여름 내내 비가 왔다 목숨이 없는 목숨들은 매일 젖었고 목숨이 있는 목숨들은 매일 불었다 나의 껍데기도 목숨이었는지 막걸리의 도움으로 매일 불어났다 과학 선생님의 예언대로 장구벌레는 빗물에 휩쓸려가서 돌아오지 않았다 지난여름은 푹푹 젖은 더위뿐이었다 혹시 장구벌레가 살아 어른이 되었어도 비와 여름에 삶아 터진 나의 껍데기에는 후대를 염려하여 신성한 주둥이 꽂고 싶지 않았을지도 모른다 성급한 한가위가 여름을 끊어 먹고 해와 달이 갑자기 높아지고 세상의 물웅덩이가 조금씩 자리를 잡자 여름내 지하 갱에 고립되었던 게릴라처럼 한으로 무장한 장구벌레의 여전사들이 뒤늦은 여름밤을 장악했다. 물러 있던 표피가 바람에 바짝 말랐다 불빛도 어둠도 장막이 되지 못한다 오메 뜨건 거 꼬집은 듯 길고 진한 아픔 그러나 미안해라 커다란 내가 이리 아프면 작은 그것은 얼마나 아팠을꼬 내 늙고 메마른 살갗을 뚫은 그녀의 주둥이는 아직 살아 있을까 에라 티끌 같은 네가 먹으면 얼마나 먹겠느냐 아무것도 없는 내가 선심을 쓸데나 있겠느냐 선택받은 사실이 미안해 늙은 살갗, 잠을 위한 재물로 내어놓고 턱없이 늘어진 마음으로 잠을 청한다 불어터져 숨 막히던 여름의 퇴로에서 뒷북치며 달려드는 모기가 인간이 못다 한 여름 이야기를 쓰고 있다.

못밥

봄내 주린 배
보리타작 마당에서 채우는 유월
손바닥만 한 논배미 깊드리배미
동틀 때 쪄 놓은 모 여기저기 던져두고
못줄 따라 엎드려 바쁜 손 어른거려
머리에 못밥 이고
한 손에 막걸리 주전자 씨근씨근
홀애비 진구아제
타작 더딘 보리밭 지날 때
걸음 바쁜 분례 가슴
번개같이 주무르고 달아난 덕배랑
엄니 새참도 아부지 막걸리도
함부로 놓지 못해 오매 잡것!
열일곱 순정 눈 꼭 감아
머리 올린 분례랑
두 머리카락 희끗희끗 세도록
그려! 그려!
마주 밟아온 논두렁에서 함께 먹던 못밥이
유월이면 침으로 고인다
명장 숙수인들 흉내조차 못내는
시간의 맛

유채나물, 오이무침, 미역수제비가
늘그막까지 해마에 남아
덕배가 되고 분례가 되고
고향이 된다

바람의 송가

지금은 이월
떠나야 하네
혈맥 같은 가지 끝 완고한 청악소판
흰 매화 이마 위로 떨어지는
저 지독한 봄 햇살에 눈멀기 전에

지난 시간 내 서늘한 속살로 품어주던
박재 같은 알몸의 저 나무들이
부끄러움을 배워
치장을 서두르기 전에

떡눈 다독여
사잇금 덮어 눈부시던
조각난 땅이 녹아
잠자던 생명들 깨어 꿈틀대기 전에

밤이 사라진 거리에서 입김 하나로
맞장 뜨던 콩콩 뛰는 젊음들이
숨 막히는 맨살 드러내기 전에

떠나야 하네

하늘과 땅을 기러기처럼 걸어서
뾰족한 타이가의 잎새들을 살찌우고
툰드라의 이끼를 어루만진 후에야
갔던 길을 더터 고향처럼
다시 돌아오겠네

길가에 떨어진 헌옷처럼 남루해져서
배척당한 등줄기로 진땀이 돌아다니는
지금은 이월, 어쩔 수 없네
떠나야 하네

무궁화

샤론의 길을 따라
바람의 씨앗으로 사막을 건너
근화향 푸른 아침
무진 무궁의 땅에 뿌리내렸다
나라가 지면 새 꽃을 피워 응결
나라가 서면 피는 듯 져서 씨로 번져 확산
다소곳한 정의로 시끄러운 세상 보듬어
끊어질 듯 이어온 핏줄의 고리마다 피어
잠식의 기미마다 영원으로 맺어 수놓은 깃발
천만 육신 녹아내려 꽃으로 나부꼈다
해남에서 온성까지 무궁화 삼천리
허리 동강난 상처 위 씨앗으로 동동
잔업하는 고무신공장 뒷마당에도
태풍 지난 자리 빈손 물고 울부짖는 섬마을에도
어머니 당목 적삼 앞섶처럼 젖어 피었다
배부른 땅에서도
헐벗은 여백에도
동그란 눈 깊이 뜬
무궁화 핀다
한 송이 피어 바라보면
한 발짝 다가오는
무궁화 오늘도 핀다

밤에

술에 취하지 않아도
지나간 밤들 기억에 없다
알 수 없는 단어가 출렁거리는
망각의 시간
꿈마다 아이들이
빈 젖을 물고 보챈다
새벽마다 별들이 떨어져
가슴에 박힌다
어느 배고픈 별이 베어 먹은
그믐달도 칭얼거린다
해가 떠도 밤이 이어지고
배고픈 줄 모르는 끼니들이 지나가고
끝없이 이어지는 밤
아픔이 마취된 시간들이
베개도 없이 누워 잔다

봄

—우포늪은 정사 중

태초에 나누어지지 않은
궁창과 물과 땅이 우포에 있다
일억사천만 사계의 나이테를 차곡차곡 받아들인
늪은 난자다 늪은 정자다

죽음과 삶
한 뿌리로 대를 물려
젖은 늪 깊숙이 뿌리 내린 늙은 왕버들
사월 햇살 아래 잎겨드랑이 열어
올해의 몸을 내민다

앞섶 자락자락 새끼 늪
새끼 늪 빙빙 돌아 연두 수비대
바람 불면 누워 자는 골풀 사이
이름보다 붉은 광대나물꽃
봄과 수정 중이다

니포니아 니폰은
우포늪 따오기가 그림으로 분류된 오류
젖은 땅 젖은 하늘 사이 종種으로 살아남아
기도로 배란 중이다

〉
바위조차 사정을 하는 숱한 정사의 터
젖은 뭍은 열린 물에
천만년 삽입 중이다

늪 바닥 까맣게 자손을 본
우렁이도 제집을 들고 다니는 곳
우포늪 70만 평은 하늘에 등기되었다

병 속에 누워

누워 버린 초록병들
둥근 빈 몸에서 눈물이 나요
나는 술병 속으로 기어 들어가요
누운 술병의 모가지에 걸터앉아
다리를 축 늘어뜨려요
술병에게 말을 걸어요
자, 내가 당신을 비웠나요
그러면 당신이 나를 채웠나요
텅텅 빈 당신네들 몸속에서는
휘파람 소리가 나는데
당신이 채운 내 몸에서는
모공마다 하얀 안개가 피네요
안개 핀 모공은 들어오는 길만 알죠
길은 이름이 없어
매일 다른 길을 만들어요
밤새 길을 만들어도
나가는 길은 없어요
내 안에 당신이 살고
나는 이제 병 속에 누워 있어요
아, 길이 없어요

봄날, 코스모스를 심다

텅 빈 봄
안개 넘어 한 줄기
기다림의 빛을 끌어당기며
오늘 코스모스를 심는다
더디게 이파리들 키워
꿈이 되지 못한 커다란 생명들
위로처럼 왔다 가고
지글거리는 한낮을 숨죽여
우주의 시계가 세 시쯤 되면
가는 목 세워 바라볼 하늘에
둥글고 빛나는 그것과
눈 맞출 수 있어야 한다
뚫린 가슴에
젖은 바람 둥지 틀 무렵이면
작은 저것 어쩌면 제 몸만큼
작은 내일로 피겠지
기다림으로 피겠지

봄비 내리는 밤

봄밤에 비가 내리네
사람들의 순전한 어미 아비가 숨 쉬던
에덴의 훈향처럼
처음인 듯 비가 내리네

이제 막 세상에 얼굴을 내민
태아의 눈물방울처럼
보석 같은 비가 내리네

다섯 살 모차르트가
오선지 위에 세워 놓은 음표처럼
또르랑거리며 비가 내리네

늙은 감나무에 새로 돋은
애순 같은 접촉으로
간지럽게 비가 내리네

봄밤에 비가 내리네
어린 달을 재운 하늘이
부활 채비 마친 세상을 깨우네
아직 두꺼운 나를 깨우네

제3부
아버지의 바다

부활/ 분꽃의 나방/ 비 오는 날 2
사발의 약력/ 봄 여름 가을 겨울/ 사이 2
석류/ 섬이 되는 시간/ 손금/ 솔꽃
쇠똥구리의 은하수/ 수난시대 2
쑥부쟁이꽃/ 실버랜드 블루스/ 아버지의 바다
약력 만들기/ 양치질/ 언제

부활

삶이 막다른 골목에 이르렀을 때는
한 박자 쉬고 딱 죽었으면 좋겠다
미련이라는 놈이 꼬무락꼬무락 올라올 때는
죽었다 깨어나 다시 살았으면 좋겠다
청개구리 부활 놀이는 요즘 아이들의 디지털 게임보다 팽팽했다
땅바닥에 살짝 던지면 쭈욱
뻗어버리는 청개구리
땅을 파고 묻는다
무덤가에 열 개의 돌을 둘러놓고
하나부터 열까지 주문을 세어
돌을 전부 거둔 후 땅을 파면
청개구리 태아처럼 다시 살아난다
주검을 연습하고 살아나
청개구리 더욱 시퍼렇다
삶이 땡볕처럼 폭폭할 때는 한번 묻혔으면 좋겠다
캄캄한 흙 속에서
세상에 아직 미안한 인연이 많음을 알고
죽었다 다시 살아 갔았으면 좋겠다
누군가 나의 가짜 무덤에 주문을 외어

얼룩덜룩 타버린 삶을 말갛게 지워도 괜찮겠다
살고 죽는 일이 한 세상에 있다면
매일 건너다니겠다

분꽃의 나방

알고 있었어
네가 나의 형광 빛에 끌리리라는 사실
날개를 치장하고 팔랑팔랑
여기저기 들쑤시는 나비는
내 취향이 아니었어
가을 색 수트 차분하게
온몸에 잿빛 오르가즘 충전하고
빛 속의 빛보다는
어둠 속에서 빛을 찾는
너의 꿈을 알았어

야심의 드레스를
준비했지
날개만 찬란한 색맹나비는 절대 못 보는
달빛드레스 우우
하늘을 향해 받쳐 입은 붉은 나팔드레스
해가 지는 시간
시끄러운 꽃들이 지는 시간
향기 대신 나는 빛으로 피지

밤새 너의 가을 색 수트

너의 잿빛 열기
드레스에 반사된 새빨간 눈빛
흠뻑 받아 분첩의 비밀, 나의 씨가 여물지
새까만 포장으로 새뽀얀 야화野話가 탄생하지
우우

비 오는 날 2

기억은 짧을수록 약이네
법이 없으니 죄도 없지

비 오는 날
넝쿨넝쿨 가슴까지 기어 올라오는 건
미움보다 호박잎이지

비 오는 날
그대는 무얼 생각하는가
빗소리 반주로
호박잎 같은 사랑을 하나
호박 잎사귀에 듣는 빗소리 같은
사랑은
짧은 기억을 가진 자나
하는 것이네 비 오는 날은
지워진 기억을 안주로 술이나 한잔하게

비 오는 날
우리들은 다락방에 올라
혼자서 간음을 했지
사정射精하듯 눈물을 흘리며

호박 잎사귀에 듣는
빗소리를 들었지
법이 없으니 죄도 없었지
세상에 죄가 없으니
우리에겐 꿈도 없었지

사발의 약력

밥의 흔적 불리는
허드레 시간을 제물로
이제는 떠나겠노라 마음먹은
책임 다한 책임감들이
퉁퉁 자리를 털고 일어났을 때
스스로 비우지 못했다 해도
새로 개설한 통장처럼
엎드린 빈 사발
하늘 향해 제대로 서 있는 시간에 받았던
뜨거운 물매질을 망각해도 좋은 건
하루에 한두 번이라도 서 보았다는 것
둥근 주둥이를 하늘로 향해 보았다는 것

또다시 누군가의 먹이 받들어
헛배가 부를지라도
허드렛 시간 허드렛물 속에서
퉁퉁 불어 오래오래
기다릴지라도
가끔은 사발
누구의 무엇이 아닌 내 이름 하나로

세상에 얼굴을 내밀어 보았다는 것
아직 아무것도 아니지만
채울 수 있는 빈곳이 되어 보았다는 것

봄 여름 가을 겨울

떠난 네가 돌아오는 길 예비하여
꽃잎으로 낸 길 네 걸음 인도하여
드디어 가만가만 동공 두드리는 네 속살
창문을 열어 내 안으로 들인다

대지의 실핏줄마다 수혈로 채워지는 뿌리
가지마다 물올라 하늘 덮은 꿈
길어진 네 그림자 감싸는 낮은 바람
창문을 열어 내 안에서 키운다

그리운 너를 집안으로 들이고
쓸쓸한 너의 가지도 불러들이고
한 올 한 올 옷을 벗는 첫 마음을 받들며
창문을 열어 뜨거웠던 허공을 식힌다

볼에 닿는 찬 기운이 게으름을 깨우는 시간
바람 사이로 틈이 벌어지는 계절
이제야 숨 쉬자, 모진 세상과 통정을 하자
창문을 열어 눈에 덮힌 음모까지 받아들인다

사이 2

그대의 눈동자에는
사시사철 겨울바람이 분다
어느 하루 누그러진 가을 냄새
그것만 믿고 싶어
우리의 고개를 가파르게 넘어
만난 그대는 또다시 겨울이었다
그대의 등만 보고 돌아온 거리
벌거벗어가는 나무 아래
발가벗고 서 있다
눈을 뜬 채 동공을 감고 서 있는
칙칙한 이마를
마른 잎이 툭 치고 떨어진다
눈을 감고 동공을 여니
목마른 이마가 등燈을 켠다
묶여 있던 목젖이
벌컥벌컥 시간을 들이킨다
고개 너머 그대의 등이
점점 넓어지고
벗은 나무들의 거리
이마를 밝힌 등燈이
축축하게 젖는다

석류

나의 여자는 오월에 죽었다

나의 남자는 나의 여자가 죽기 전에 떠났다

석류꽃은 유월에 피었다

의사 선생님은
모자람과 메마름과 헛헛함에 잘 듣는
약을 처방했다
모자람과 메마름과 헛헛함을 지키고 싶어
약은 약장 안에 두었다

해마다 피는 석류꽃, 질 때까지 바라보았다
추석 달이 빌라 지붕을 덮고 있을 때
주렁주렁 매달린 석류 아래서
나는 나의 여자를 위해 기도했다

마트에서 칠천 원 주고 미국산 석류 네 알을 사 왔다
미색 커튼을 친 방마다 붉은 정자 가득했다
정자들은 나의 입안에 모여 노란 난자가 되었다
방을 빠져나간 석류알들이 나의 침대에서 보라색 꽃으

로 피었다

밤마다 겨드랑이에 내 여자를 데려다 주었다
밤마다 보라색 석류꽃이 핀 침대에서
죽은 내 여자가
나의 모자람과 메마름과 헛헛함을 받아간다

섬이 되는 시간

해풍에 달구어진 동백
신우대 울음 따라 필 때

눈 녹여 틔운 매화
섬진나루 가득할 때

청보리 제 흥으로
속대 휘어 춤출 때

눈치 없는 뻐꾸기 울음
앞산 뒷산 깨울 때
텅 빈 바람 머리에 이고
섬, 홀로 출렁인다
돛도 닻도 없이
섬, 파도를 삿대질한다
떠난 사람 흔적 없는데
오늘도 섬이 되는 시간
시린 눈으로 동구만
지켜보고 있다

손금

생명선이 짧구나
다리가 바쁘겠다
부부 사이는 가까워도 향하는 곳이 다르구나
부지런히 마주 보며 살아야겠다
지능은 좋은데
판단이 지나치게 빠르구나
겸손이 필요하겠다
재화는 흐르다 새다 흐르다 새다
굶지는 않는다더니
입이 고장나 먹지를 못하는구나

맞는 것도 안 맞는 것도 없어
뒤집어 손등을 보니
내 지나온 손금이 거기 있구나
정이월 매화 가지처럼 툭툭 불거진 힘줄이
그동안 써 온 힘의
악보를 그리는구나
손금은 손바닥이 아니라
손등에 있었구나
바느질로 얇아진
엄지 검지도
뒤틀어진 손가락도 손금이구나

솔꽃

봄날 사랑은 나른하게
솔꽃 가루에 실려 온다
실리콘 야무지게 틀어막은 창틈으로
겨울의 잔재, 문풍지 사이로
제멋대로 날아든 솔꽃 가루
하얀 행주에 실려 물속에서 제 색을 찾는다

천지간에 노란 정자 소복이 뿌리고
나무 밑동 수컷 시침 떼는 사이
정작 정사는 봄바람이 벌인다
하늘 씨를 받겠다고
꼭대기에서 기다리던 암컷
파도처럼 전진후진 거듭하는 봄바람 아래서
파르르
절정에 이르고 만다

꽃 여물어 솔방울 솔 씨 품으면
봄날 대지 물들인 나머지 사랑
빗물에 씻겨 기다림으로 돌아가고
생명이 되지 못한 생명 씨앗들 더러는
송화주로 노랗게 살아

풋사랑을 물들인다

봄날 사랑은 은근하게
바람을 타고 온다
봄날에 생일을 받은
우리는 모두
바람의 자식이다

쇠똥구리의 은하수

빛은 언제 꽂혔을까
눈은 언제 맞췄을까
제 몸보다 거대한 동그란 밥
거꾸로 서서 별빛 따라
쇠똥구리 뒷걸음 서툴러도
은하수 바라보며 집으로 간다

눈보다 더 밝은 겹눈 온몸에 두른 나는
은하수 흔적 어두워
바쁜 길이 더디다

소의 살과 뼈를 취한 내 속은 공해
쇠똥에서 풀만 취한 쇠똥구리 동그란 밥은
성스런 홍경단紅景丹

나의 머언 먼 아버지는
작은 눈 크게 뜨고 짧은 다리 넓게 걸어
별빛 따라 아슬아슬 동굴로 향했으리

머릿속에 뱃속에 가둔 것이 너무 많아
공해를 똥 누지 못해

집으로 가는 길이 숨는다
겹눈의 불빛 위로 숨은 길
불빛이 삼킨 은하수
나는 불 밝힌 어둠
어둠 속에서 별을 찾는
쇠똥구리는 새까만 빛

수난시대 2

땅 밑 흐르는 어느 물줄기
수력발전 일으켜 밝힌 꽃등
바로크 앤틱 문양 정교하게
달보다 더 동그랗게
어두운 낮 세상 밝히는 외등
민들레 꽃밭에는
다문다문 샹들리에
어린 개미 먹이 수송로
카메라 줌인처럼 밝히고 있다
이제 막 잠에서 깬
배추흰나비 귀에 대고
최신 뉴스도 전한다
먼 산 먼 들에 민들레 귀해져
씨도 날리기 전 뿌리째
삽날이 거두어 갔다고
이제 세상엔
길가 컬컬한 민들레만
외등으로 남을 거라고…

쑥부쟁이꽃

작아서 예쁘다고 했다 바람에 흔들리는 모습이 인간적이라고 했다 화려하지 않아서 정이 간다고 했다 그런 줄 알았다 그렇게 피어 있었다 바람이 불고 햇살이 북쪽을 비추자 대지가 마르기 시작했다 생명 가진 것들은 꿈틀거림을 멈추고 죽거나 죽은 척했다 작은 것은 약한 것이라고, 흔들리는 것은 흔들리다 눕는 것이라고, 튀지 않으면 묻히는 것이라고, 벌거숭이 벚나무가 눈을 감고 말했다 꽃이 지고 몸이 사위고 배꼽 하나로 죽은 세상에서 꽃보다 많은 배꼽을 보았다. 커다란 생명들은 옷을 갈아입지만 작은 생명들은 해마다 몸을 갈아입는다고 배꼽들이 말했다 작은 생명들의 영혼은 겨우내 땅속에서 몸을 뒤척이는지, 겨울바람 속을 몸 찾아 휘돌아다니는지 알 수 없다고 했다 절대 사라지지는 않는다고…

실버랜드 블루스

자루옷 입고 기저귀 차고 누워서 시작했다 엄마가 곁에 누우면 배가 불렀다 뒤뚱뒤뚱 걸음마 칭얼거리다 떼를 써도 보는 눈들 모두 초승달이었다 아빠를 형부라 하고 이모를 처제라 불렀을 때 모두들 손뼉 치며 참기름 흐르게 웃었다 바지부리에 팔을 끼고 신발 거꾸로 신어도 박수를 쳐 주었다 엄마 손 잡고 집을 나서고, 집으로 돌아왔다

쑥쑥 키가 자랐다

파랑새를 찾아 인생이라는 산을 향해 올랐다 바람이 불고 걸음마다 바람이 불고 산 위에는 다툼 평정 시기 용서 싸움 화해와 같은 단어들이 미끄덩거리는 머리채를 서로 잡은 채 끄나풀로 엉켜 있었다 답 없는 문제를 맞혀 가며 정상을 올라 겨우 파랑새의 위치를 알게 되었을 때 조금씩 키가 줄었다 바람이 불지 않아도 주르륵주르륵 미끄러져 내렸다 집을 나서면 혼자서는 돌아갈 수 없게 되었다 저고리에 발을 넣으면 아이들이 식식거린다 사람이 좋아 얼굴을 만지며 이름을 부르면 모두들 웃는데 눈빛이 쓰다 밥 달라고 떼를 써도 뒤뚱 걸음 넘어져도 보는 눈이 차다 지금 나는 자루옷 입고 기저귀 차고 누워서 산다 매일 뱃구레가 비어간다

〉
돌아온 것인가
넘어온 것인가

아버지의 바다

갈매기 떼 호위 요란하게
내 아버지 *맬배
만선하여 흰 깃발 벌쭉벌쭉 돌아오시던,
겨울 바다 통통배
물살 튀어 공책 젖을라
몸으로 책보 감싸 건너던 등굣길
해안선마다 그물 터는 비린내가
굶주림 채워준 무성한 뱃노래가 흐르던,
여물어 가는 보리밭 건너다보며 장군도 꽃섬으로 불타던,
내 아버지 잠들어 계시는 돌산 앞바다
지금은 모진 가난 이겨낸 불빛들 휘황하네

여수 밤바다
수천수만 삶들이 별빛 등불을 달고
이제는 등신불로 흐르는 내 아버지의
뱃길을 비추네

내 아이 손잡고 처음 건넌 돌산대교
동창회 펜션에서 바라본 거북선대교
그 사이 어디쯤 허물어져 가던 아버지의 옛집
누군가 탈탈 밀어버리고

번듯한 상가 들어앉았네
그렇게 세상은 바다처럼 흐르는 것이네
내 아버지도
*세꾸지로 *간청개로
심심하시면 이순신 장군 *피네로
동백꽃 뚝뚝 피다 지는 오동도로 구경 다니며
여수 앞바다 흐를 것이네
잠 안 오시면 초절정 여수 밤바다 조명 아래
파도 소리 반주로 휘파람 간주 넣어
남인수의 추억의 소야곡도 멋들어지게 뽑을 것이네
지나간 삶과 다가올 삶까지도 비추며
그렇게 바다는 흐르는 것이네

* 맬배 : 멸치잡이배
* 세꾸지, 간청개, 피네 : 여수 돌산의 바닷가 마을 이름

약력 만들기

골목에서 번쩍거리던 사람들이
모여서 만든 책을 보내왔다
이름계라도 들었는지
언제 어디서 무얼했다고
잊지 않고 꼼꼼히
돌려가며 해 먹는 반상회 회장까지
빠뜨리지 않고 알뜰히
구구절절 친절하게
조목조목 적어 놓았다
주어진 한 페이지 채우려
노력한 흔적 볏가리다
최다 색채 감투의 크레파스다
명함 문구 전시회다

나더러 약력을 쓰라 하면 무엇을 쓸까
탈이데오로기시대의언더그라운드운동가적성향을가진이들을사랑하는모임을만들예정인사람을지지하는일인, 가난하게살기대회대상후보, 번쩍거리는 사람들이 지어준 욕쟁이, 깽판쟁이, 싸움닭은 어떤가
만날 깨지는 바위 아래 계란은 또 어때
약력 그것, 삭은 빤스고무줄이다
물에 빠진 건빵이다

양치질

어느 미장원 간판에
여자의 미모는 권력이라 썼더라
예쁜 여자들의 마무리 시간은
얼굴에 모란 작약 발라 재우지만
무수리과 언년이들 하루의 끝은
양치질이 사치 수준
세면대 앞에 서서 하는 그 일 노동만 같아
빨간 쪼그리 깔고 앉아 북북
이를 닦는다
이빨 사이 못다 한 낱말 칫솔모에 걸리고
해서는 안 되는 말들 지나간
치욕의 구멍들
치간마다 바람의 때로 남아
이빨 아닌 이빨처럼 칫솔을 갉는다
서류에 남은 전과처럼
인생을 갉는다
양심과 권력 사이에 있는
치간을 갉는다
양치질은 이빨의 고해성사다

언제

스물엔
앞도 뒤도 안개였다
서른엔
스물이 지나가 버려 아득했다 서른이 끝 같았다
마흔엔
매일 조금씩 늙었다
쉰엔
마흔보다 더 늙어서 죽을 날을 기다렸다

결국
아무 일도 일어나지 않았다
남아 있는 건
예순
일흔
여든
사랑은 언제 하나
앉은 자리 꽃자리라 노래만 부르다가
꽃은 언제 피우나
언제

제4부
초인과 나와 개미

연蓮

못池,
갑자기 떨어져 내린 바윗덩이 설화나
전설 속 요승의 저주일 리 없다
바람이 할퀸 자리에
대지의 피가 고였고
상처 아물도록 근육을 풀지 않았던
흙의 세포 위로 날마다 비가 내려
풀지 못한 마음 차곡차곡 앙금으로 깔려
빈틈없이 입 닫은 바닥
뿌리내리지 못하는 연蓮
둥둥 떠다니며 물흙의 창에 비친
하늘과 만나다

연蓮 없이
못池이 되는 법은 없어
못 없이 피는
연꽃도 없어
함께 패이고
함께 가라앉다 어느 날 빛을 향해 화들짝
꽃으로 떠올랐을까
억겁 뿌리로 헤엄치며

백조처럼 땀 흘리며
떠 있었을까
연잎이야 연꽃 받아
빛나는 하늘 아래
어두운 물의 상처 재우려
커튼으로 펼쳐졌을까

왕피천의 봄

태백산맥 허리 둘러 왕피천
동녘 햇살 뜨는 물에 발을 담궜다
호위병으로 둘러선 금강송 늠름하다

운주승처럼 태평양을 휘돌고 온
황어 연어 은어들
치마폭 파고들어 사랑을 완성하고
등신불로 흐른다

태아처럼 힘찬 수달
갈겨니, 꺽지, 양수로 배부르다
이제는 귀하신 몸 구렁이님
왕피천 짝사랑하다 해탈하셨는지
딱새의 모정에 찔려 추적추적 발길 돌린다

소복 미녀 중대백로 새끼 소대까지
앞섶 풀어 먹여 살리고
눈매 순한 고라니도 겨드랑이에 살린다

하늘 열린 날부터 이 땅의 어머니로
끝없이 젊은 그녀 왕피천
맑은 몸매에 가슴이 노니는데
영 넘어 내성천엔 안개가 깊다

외출

운평리 '사랑의 집'에서 자박자박
아기 하나 걸어 나온다
배시시 웃는 입술에
앞니 세 개 물려 있다
기저귀 가방 건네받으며
-여기다 쉬를?
웃다 만 입가에 쑥스러움 번진다
땡볕 목마른 길가
시원한 건 사양해도
식탁 위 비타민 싹쓸이 하던 취미가
약국으로 손을 잡아끈다

젓가락질 서툴러 고양이처럼
생선을 손으로 끌어간다
딸래미 입에 흰 살 발라 먹여주던 하얀 손에
저승꽃 자욱자욱 피었다
안개 낀 눈으로 접시마다 더듬거린다
앞니 셋이 건지지 못한 것들
턱받이 아래로 흘러내린다
소머리국밥 건더기 두 사발 취한 자리가
닮모이 준 뜰방 같다

〉
온갖 근심 사라져 웃으며 돌아가는
작은 사람 안아 보니 반의 반 아름
소머리국밥 건더기 덜어준 자리에
눈물은 열 배나 불어 넘치는데
한사코 인도로 진입하는 자동차 몸으로 막아서며
-애 잡겠다 이런 깨물어 죽일 눔덜
휴~
하루에도 몇십 년씩 시간을 오르내리는
구십 살 우리 엄마 아직 열애 중이시다

우체국에 가면

우체국에 가면
무럭무럭 욕심이 생겨
층층이 칸칸이 발사대에 오른
마음들 겨누고 있어
난 가장 온건한 마음의
과녁이 되고 싶어

욕심이 생겨
주고 싶은 마음만
쌓인 줄 알았는데
받고 싶은 마음도
샘처럼 고였는지
저울에 달아 떨이로 파는
목도리 하나라도 젖은 손으로
받는 꿈을 꿔
성근 너의 등을 토닥여주려 했는데
자꾸 내 등으로 손이 가
생각해 보니 구부정한
내 등이 더 욱신거려, 듬성듬성 해
갚아서 시원한 줄 알았는데
돌려받을 무언가를 생각해

계산해 보면 천 원쯤이라도
받을 게 있을지 몰라
그렇다면 백지화된 마음이라 해도
빨간 끈 묶어 받고 싶어
연말 우체국에 가면
마음이 달라져
갈 때 부른 마음이
올 때 조금씩 고파져
등짝에 초록 매직으로
주소를 쓰고 싶어
우체국에 가면
나를 주고 너를 꼭
받고 싶어

잔치

흰머리 학생들 각시춤 연습하는 날
성당 부엌에 가마솥 걸고
늙었을까 말까 한 여인네들
짬내서 잔치국수 한나절 삶았다
행복만큼 쫄깃한 면발
잔치처럼 넉넉한 국물
틀니 고운 형제님도 새내기 수녀님도
줄서서 꼬리 물고 비운 그릇 채워 간다

상마다 따끈하게 끓여내고 남은 육수
페트병에 얻어 돌아오는 길가 놀이터에
시엄니 친구들 대여섯 모여 있다
"국수 드세요~~~"
아직 삶지도 않은 국수로
큰소리쳐 불러 모은 엄니들
막걸리 몇 순배 돌자
조붓한 주방에서 자식 자랑 잔치 벌였다
매화타령 읊으랴 말대꾸하랴
국수 삶는 손만큼 입도 바빠라
말갛게 멱 감은 국수
펄펄 끓는 육수 부어

삶은 다시마 참기름 무쳐 옆에 눕히고
희고 노란 달걀지단 각시처럼 얹어
송송 썬 실파 고추 청실홍실 띄워
얼른 뚝딱 잔치국수 올린다
모두모두 울 엄니 같은 엄니들
세숫대야만 한 면기의 국물까지 훌훌 감춘다
거푸 듣는 맛 칭찬에 빈 배가 부른데
냉장고 뒤에 입만 감추고
몰래 마신 막걸리 맛이 꿀처럼 달다

주름

그림자를 접어
구멍 숭숭 뚫린 뼈를 감춘다
한 겹 더 접어
감당하기 어려운 빛을 삼킨다
삼킨 빛을 살려
흘러내리는 여백을 빚는다
여백의 그늘을 나누어
선線을 내린다

퇴적암처럼 결이 다른 한 결들
직선의 가부좌
곡선의 데몬스트레이션
겉과 속이 춤추는
물결
물결
여백의 그늘마다 피는 물결의
민주주의
직과 곡의 아름다운 패배
아무도 모르게 포갠
말과 시간들 줄 세워
우묵우묵한 영광과 상처를
섞는다

술 한잔 거듭

하루하루 죽는 마당에
술 한 잔은 해야지
금줄보다 숯이 촘촘한
제단을 차리고
어머니의 어머니 이름으로 안겨주신
이빨 빠진 사발 가득
남실남실 저녁놀 번지는
술 한 잔은 해야지
많이 받아 미안한
죽어도 미안한 너부터 한 잔
빈손만 잡아 흔들던
죽도록 못 잊을 너도 한 잔
자주 겨누어 구부정해진
너의 오랜 가시에도 한 잔
오늘을 끝내려거든
우리 술 한 잔 해야지
어깨를 걸고 거듭거듭 죽어야지
매일 짠물에 자빠지는 시든 해
살찌워 건져 올리는 어둠을 위하여
건배

주름으로 점치는 거시경제

나이 육십 지난 여배우도
칠십 넘은 여자 남자 가수도
아주 싱싱한 아이돌도
이제는 지하철 타면 숱하게 보는 민간인도
간판을 재단하여
1mm의 젊음을 찾아
뾰족한 아름다움을 찾아
번 돈을 쑤셔 박는다 타짜들처럼
없는 돈도 빌려다 박는다
재벌들처럼

미래의 가장 높은 희소가치를 위하여
오늘부터 빠르게 늙기로 한다
그들이 후다닥 젊어지는 동안
나는 얼른 늙는 거다
주름이 사라진 세상에서
나의 주름이 주렁주렁 늘어졌을 때
플라스틱 피부를 가진 사람들
돈 처들여 젊음과 바꾼
그 주름을 돈 주고 되살지도 몰라
인구밀도 높은 나라의 부동산 같은 희소성으로

나에게만 있는 희귀성으로
부자가 되자

얼른 늙자 얼른 늙자
늙어서 무공해 주름으로
부자가 되자

추락 또는 하향

며칠
숨소리가 약하더니 미열로
말없던 그가 입 냄새를 풍겼다
가슴에 귀를 대니
피가 돌지 않는다
그의 몸에는 이제 피가
한 톨도 남지 않았다는 진단이다
플러그를 뽑으면 숨도
멈출 것이다, 시체로 남을 것이다
100kg에 육박하는 그를 데리러
염쟁이들이 왔다
몸을 묶는 공기에서도
냄새가 새어 나온다
내가 속을 썩인 그의 냄새
그의 피를 연료로 살아온
나의 내장 냄새
누가 나에게 제 몸이 썩도록
피를 내어 줄 것인가
날마다 누구에게 내 속을 의지할까
우리는 정말 한 통속이었다

새로운 인연이 필요하겠지만
덩그런 그의 빈자리를 보며 욕심이 사라진다

분양되어 오늘 내게로 온
속 좁은 당신조차 이제는 내 안에 벅차다
속을 꺼내 보고 싶은 생각도
살이 찌고픈 마음도 성욕처럼 줄어든다
추락하는 건
마음이 먼저인가
끊임없이 시선이 내려간다

초인과 나와 개미

허공 위 다른 허공이 있어
어느 세상이 있어
초인이 있어
길 따라 줄지어 오고 가는
자동차들 내려다보며
인간이 개미를 보는 눈으로
손으로
한 김 숨결로도
자동차 몇 대쯤
날려버릴 수 있을까
인간의 붉은 손가락이
개미 눌러 죽이듯
순식간에 사람들이 사라져 돌아오지 않는
지금은 아무도 모르는 이유
혹시 어느 초인의 장난일까
지독한 아픔도 뛸 듯한 기쁨도
초인의 발길 아래 밟히면
아무 일도 아닐까
오늘 하루 사는 것도
어쩌면 초인의 큰 그림일까

카메라로 뜨는 시간

계절이 제로에 멈출 때마다
카메라를 앞세워 시간을 만나러 다닌다
자운영 들판에 뜬 별무리를 한 바가지 물로 몰아내고
비틀거리며 걷던 지평선은 이제 그림이 되었다
시간에 코를 만들어 사람을 떠 나가면 마음에 물결이
이는데
카메라는 구름사다리를 뜨고 있었다
라디오가 알려주는 시간은 일정했지만
사람의 시간은 스스로 코를 잡아 뜬 또 다른 사람과
카메라가 얽은 구름사다리 사이에 있었다
대롱대롱 매달려 라디오의 시간을 들으면서
착오를 풀어 원점으로 향한다
흑백 카메라에 저장된 과거가 빛을 조율한다
볼록하게 배 나온 시간이 굴절한 빛
움푹 파인 시간이 몸부림으로 반사한 빛
고개 외로 꼬고 침 탁탁 뱉으며 외면한 오욕의 배경들
흑백 카메라와 디지털, 함께 놓고 타협을 한다
너와 내가 분리되어
우주 밖으로 날아간다

해후

그곳에도 꽃이 피었더라
무궁화가 피었더라

끝도 없는 밀밭이 콩밭이
옥수수밭이 누렇게 익는 나라
여자들이 남자들이 돌절구 같은 나라
아칸소 들길에도
미시시피강가에도
살집 좋은 매그놀리아 이파리 사이에
까마득한 사이프러스 아래
사십 년 타국살이 울언니처럼 여전히 작은 꽃이
망막에 왈칵왈칵 잡히더라
멤피스에서 보는 가요무대 이미자처럼
서른 몇 해 만에 듣고 컥컥 울었다는
언니의 신청곡처럼 가슴에 피는 꽃이
바람개비 모냥 차창 밖으로 휙휙 지나가더라

텃밭 오이가 사흘이면 다 크는 테네시의 칠월
눈 푸른 그 남자의 수영장 딸린 마당에서
고개를 반쯤 들고 갓 펴낸 경전처럼 말갛게
나를 보고 웃더라

백단심이 홍단심이
영어로 웃는데
무슨 말인지 알겠더라
사실은
내가 먼저 웃었는데
사십 년 만에 본 언니 뒤에서 울면서 웃었는데
못 웃는 언니 대신
무궁화가 웃더라

구만리 바다를 기다림으로 건너가니
체로키의 땅, 양키의 나라에도 무궁화가 반색으로
웃더라
그곳에도 꽃이 피었더라

팔작지붕

등 보이고 돌아섰어도
그 하늘 그 지붕
천리만리 떠나왔어도,
앉아도 서도 이고 사는
그 하늘 그 지붕
소금땅에 세워도
마른 땅에 지어도
아버지의 아버지들의 지붕
버선코 날렵하게 뻗지는 못해도
때국놈들 맞배지붕 내려다보는
연길에도 용정에도 통화에도
그 지붕 팔작지붕
막상 조국에는 절간에서나 보는
조선 지붕 그 지붕

단풍새

여름의 마지막 눈물로 내리는
이 비 그치고
비 쏟아낸 하늘 가벼워
저만큼 높아지면 단풍처럼
눈 붉어 어찌 날까
해 뜰 때 일어나 달 뜨도록 울어도
젖지 않을 육신이야 바스락바스락 좋겠다마는
가을바람에 젖어버릴 붉은 마음 어찌할까
마른 바람에 단풍잎 화르르 떨어져
젖은 가슴에 무더기로 쌓이면
붉은 잎새들 몸 뒤채는 진혼곡
어찌 다 들을까 혼자서
포플라 강마른 잎 추방자처럼
아스팔트에 쫓겨 다니는 가을 오후
휑한 가슴에 갈바람 들여 놓고
접은 날개 빈 가지
오래도록 쓸쓸하겠네

허공

당신은 오늘입니다
오늘인 당신이 어제에게 내일에게
편지를 보내오셨습니다
나는 지나간 날이 아파
다가올 날이 어지러워 오늘을 보지 못하고
외로움에 시들어
그리움에 눈이 빠져
서러움에 녹초가 되어
답장을 보내지 못했습니다
그럼에도 당신은
모르는 듯 어쩌면 안다는 듯이
큰 붓 들어 또 편지를 보내오셨습니다
나는 어제도 먼 곳을 보느라
아무 일 못하고
내일도 고개 돌려 가버린 시간을 보느라
당신이 어제에게 내일에게 보내오는 오늘의 편지에
답장을 못합니다

당신의 편지가 끊어지면 나는
당신의 편지가 없는 날이 외로워
당신의 편지가 그리워

당신의 편지가 없는 시간이 서러워
눈이 빠져라 먼 곳을
바라보겠지요
일곱 칠일 내내
목 아프도록
지나간 오늘을
바라보겠지요

화해

선달의 바다가 차갑습니다, 아버지!
이십 년 전부터 시린 뼈 하나로 여기 계셨다지요
멸치잡이배 고대구리배 그물 베인 손 아가징끼
이승을 살고도 모자라 저승길조차 바다로 내어
바득바득 흩어진 뼛가루, 숯으로 타고 계시다지요
내 반쪽의 벽안에 노여워하시던 당신의 모습이
물결에 굴절되어 장군섬을 돌아 나옵니다
서른두 해 전 당신이 되돌려 보내신 편지들
사이판도 어느 바다에 혼백으로 떠다닐까요
다시금 수취인을 바다로 편지를 쓸까요
읽으시고 빈 봉투에는 이제쯤 용서를 담아 보내주실까요
바람 부는 아메리카
약한 것이라면 풀 한 포기도 자라지 못하는 땅
추워서 죽고 싶어도 묻힐 땅이 없었습니다
가슴 속을 흐르던 바다
발뿌리를 붙잡고 놓지 않던 바다
모국어를 다 비워 버린 후에야
흐느끼던 바다가 마르고
나는 노란 미국인이 되었습니다

스물한 살 인숙이는 반백이 되어서야

사분지 일 코리안 손자를 안고
당신 곁에 앉았습니다
아버지의 흩어진 뼛속에
물 아래 숨어 타는 아버지 속에
내 앙상한 손을 담구어 봅니다
잔물결이 동그라미를 그리며 물러나네요
하얗게 비어 있던 모국의 사막에
방울방울 눈물들이 고여 바다가 됩니다
잃어버린 시간들이 물결 따라 윤슬로
출렁입니다
잃어버린 언어들이 두런두런 모여
남해가 됩니다

헨리코박터

그놈에 대해 말하면서
술 얘길 안 할 수 없지
주점에서 쪽갈비집에서 수없이 돌려 마신
술잔에 묻어갔는지
대여섯 일꾼들과 수저 박고 먹던
찌개에 휩쓸려 갔는지 모르지만
어느 술고래의 뱃속에서 십 년 넘게 살았다지
술고래, 술병으로 속 사진 찍을 때
거울에 비친 그놈 몇 미터였다드라
고기도 아니고 인삼도 아니고 하필
술만 처먹는 놈 뱃속에 그리 오래 산 이유
저도 술꾼 아니면 뭐겠어
촛병 같은 내장에서 순수분해된 알코올 즐기며
술꾼 독백에 노래도 불렀겠지
광고용 풍선처럼 내장에 바람 넣고 춤도 췄겠지
헨리코박터라는 그놈
술꾼보다 더 대단한 놈

■ 서 평 ■

다소 발칙한, 그리고 발랄한 내면 의식의 사이

김 희 경(시인 · 문학박사)

1.

최희명 시인의 작품을 보면서 맨 처음 드는 생각은 매우 도발적이란 느낌을 지울 수 없다. 이는 어쩌면 혹 그가 지니고 있는 사고체계 및 자의식의 굴레 안에 스스로 도취되어, 현상들을 보다 직설적 언어로 표출해내는 발칙성에서 그 연원을 찾을 수 있겠다. 다시 말해서 작품 속에서 시인은 사회의 부조리한 일부 현상들에 대해 일갈하는데 거침이 없다. 또 다른 한 편에서는 당당함의 표상이라고 의미를 부여할 수도 있겠으나, 시인이 추구하고 있는 작품의 의식세계를 들여다보면 직설적 언어를 통해 번번이 보다 발칙하게 도발을 꾀하고 있는 모습이 보인다. 또한 동시에 시인의 그러한 내면의 의식들을 좀 더 발랄하게 드러내고자 고민하고 있는 모습도 보인다.

> 어느 미장원 간판에/ 여자의 미모는 권력이라 썼더라/ 예쁜 여자들의 마무리 시간은/ 얼굴에 모란 작약 발라 채우지만/ 무수리과 언년이들 하루의 끝은/ 양치질이 사치 수준/
>
> -중략-

이를 닦는다/ 이빨 사이 못다 한 낱말 칫솔모에 걸리고/ 해서는 안되는 말들 지나간/ 치욕의 구멍들

—〈양치질〉 부분

위 시에서 시인은 미모로 여자를 평가하고 판단하는 것에 대해 못마땅함을 표출해 내고 있다. 이러한 현상은 비단 어제 오늘의 얘기는 아니다. 다만 미모가 받쳐주지 못하는 한 여자의 입장에선 그것이 곧 '권력'이나 다름없고 '치욕'이 될 수도 있다는 점을 매우 신랄하게 꼬집고 있는 것이다. 특히 '예쁜 여자들'을 '모란 작약'을 바르는 등의 행위를 빌어 품위있게 표현한 반면, '무수리과 언년이들의 하루의 끝은 양치질조차도 사치 수준'이라고 대비하면서 양 극단의 시적 이미지를 극대화시키고 있는데, '무수리' 또는 '언년이'들의 부류들에게 있어 '양치질조차 사치'라니 이렇게 발칙하게 표현할 수가 있을까.

다음의 작품을 보자.

두 개라 만만하더냐/ 나는 두 개라 짱짱하더라/ 보기는 했더냐/

-중략-

물 맑은 바다 붉은 바위 섬/ 규암석 누비며 자란 붉은 몸이시다/ 볏짚 속에서 삶보다 더 긴 죽음으로 삭으면서도/ 나는 말 한마디 안했다/

-중략-

홍어맛 모르거들랑/ 홍어좆 만만하다 얕잡지 말아라/ 만만한건 나의 양물이 아니라/ 변덕스런 너희 세 치 혓바닥이다/ 냄새나는 건 삭은 내 몸이 아니라/ 거머쥐고 놓지 않는 너희 검은 손아귀다

-하략-

—〈나는 홍어다〉 부분

세상은 어차피 자기가 가지고 있는 시각과 관점으로 세상을 보기 마련이다. 하지만 그것이 편협되어 있거나 주관성에 빠지다 보면 상대에 대해 심각한 오류를 범하게 되는 것이 인지상정이다. 시인은 그런 현상에 대해 정면으로 맞서며 좀 더 거칠고 매우 당당하게 이야기한다. 즉 〈나는 홍어다〉라는 작품에서 보여지듯이 홍어를 '나'로 의인화하여 곧 나를 함부로 '만만하'게 보지 마라, '홍어맛 모르거든 얕잡지 마라'며 '만만'한 건 '너희 세 치 혓바닥'이라거나 '냄새나는 건 삭은 내 몸이 아니라' '너희 검은 손아귀'라고 좀 더 강한 어조로 발칙성을 드러내는 데 주저함이 없다.

2.

니체는 말했다. '신은 죽었다'고. 근대기 산업화가 한창이던 시기, 수세기 동안 사람들의 정신적 지주 역할을 해오던 즉 실체가 없는 모호한 철학개념은 더 이상 무의미하다는 의미에서의 발언이다. 이러한 주장은 일명 허무주의에 불을 붙였고, 모든 세상 만물의 이치는 다시 제자리로 돌아온다는 영원회귀성을 주장하면서 니체는 당대 새로운 사상체계를 이끌어낸 선도자적 인물로 당당히 이름을 알렸다. 하지만 당시로서도 이 말은 매우 발칙하였고 꽤 도발적이었으며 나아가 '위험한 발언'이란 평가를 얻기도 했다.

시인은 삶 속에서, 이러한 니체의 철학에 깊이 빠져있음을 실토하고 있다. 다음의 작품을 보자.

> 신과 숨바꼭질하다 니체를 만났다 익룡의 뼈처럼 가벼운 예감을 에로스 점자 만들어 바람을 피웠다 환락과 유혹에 수없이 나뒹굴다 겨드랑이 날개가 돋을 때쯤 겨누어진 칼날에 준비없이 맞아 구두코 흩어지

던 날 책장에 죽어있는 니체 갈피에서 신은 부활했다

-중략-

붉은 십자가 밑에 먹빛 은혜 가득했다, 사탄은 오래 전에 어둠을 매각했다 십자가보다 밝은 살빛 거리를 경락받았다

-중략-

명문 로고 빽판 파피루스는 무한한 넓이로 죽어버린 신 부활한 신을 만들어 낸다

-중략-

신장보다 짧은 진리를 일깨우려 미드와인에 취해 자해를 일삼는 밤, 책장으로 니체를 만나러 간다 기다렸다는 듯 문이 열리고 갈피 사이에서 걸어나온 니체와 힙합을 춘다

yo yo 별이 빛나고
yo yo 신은 죽어 간다

—〈니체와 힙합을〉 부분

분명 니체는 '신은 죽었다'고 이야기했다. 그런데 시인은 역으로 밑줄친 부분에서처럼 '신은 부활했다'고 이야기한다. 물론 시인이, '신은 죽었다'고 이야기한 니체의 사고를 뒤집은 것은 아니다. 오랫동안 책 속에 묻혀있던 니체를 어느 한 순간 발견하였고 자신의 가슴 안에서 뜨겁게 꿈틀거리며 일어서는, 곧 니체를 감동적으로 만나고 있음을 상징적으로 말한 것이다. 그만큼 시인이 니체에 빠져있음을 고백하고 있다. 너무 신이 난 나머지 시인은 니체와 힙합을 춘다. 곧 자신을 사랑하고 자신의 운명을 받아들이며 홀로 '아모르파티'를 벌이고 있는 것이다. 니체의 영향 탓일까, 꼭 그런 것만은 아니겠으나 시인은 다음 작품에서 더욱 도전적으로 도발을 감행하는 면모를 보인다. 발칙하다 못해 다소 위험하기까지 한 발

언을 거침없이 내뱉고 있다

> 하느님을 믿으면서/ 어찌 시를 쓸까// 하느님과 다투면서/ 어찌 시를 못쓸까
>
> ―〈하느님과 시〉 전문

짧지만 많은 생각을 갖게 하는 시이다. 즉 '하느님'이란, 나약한 인간인 우리들을 버티게 해주는 광활한 정신세계의 한 영역이다. 허나 우리 인간은 감히 그 영역의 근처에 들 수가 없다. 다만 우리가 '하느님'이란 존재를 믿고 따른다는 것은 우주의 절대자인 신에게 온전히 나를 맡긴다는 '바침'의 행위이며 '추종'과 '순종'을 전제로 한다. 이럴 때 보통은 신의 영역 안에서 신이 베풀어 주는 충만한 감성과 은혜에 사로잡혀 있는 것만으로도 감사해하고 만족한다. 그러나 시인은, 그럼에도 굳이 '시'라는 또 다른 정신의 세계에 들어서서 '어찌' 구차하게 '시를 쓰'느냐 묻는 것은 왜일까.

바꾸어 말하면 신의 세계와 시의 세계의 영역은 정신적 세계라는 개념의 틀은 동일하나, 접근방식이나 사유의 방식에선 매우 다른 세계임이 분명하다. 그러다 보니 시인은, '하느님'의 세계에서 '시'의 세계로 발을 들여놓을 수밖에 없는 당위성에 대해 스스로 자문을 하고 있는 것이다. 그리고 곧 바로 '하느님과 다투면서'라는 문장으로 또 한 번 오만하다 못해 그만의 특성인 발칙성을 과감하게 드러내놓는 면모를 보이고 있다.

우리가 알고 있는 '하느님'은, 일종의 불가침 영역의 세계이다. 그런데 시인은 감히 '하느님과 다'툰다고 이야기한다. 이런 방자한 사고를 아무나 할 수 있는 건 아니다. 하지만 시인의, '하느님'에 대한 인식이랄까 그 경위야 어찌되었든 '하느님'을 향해 발칙하리

만치 도발의식을 보이지만, 결국은 자신을 향해 왜 시를 못 쓰느냐고 자책을 하고 있는 것이다. 이러한 시인의 의식은 시 〈너의 우롱차〉에서도 이어진다.

이 작품 안에서 시인은, 우롱차를 마시면서 '우롱 당할 줄 모르는 녀석들은 너의 우롱에 낄낄거린다. 우롱차 캔에 뱉었던 우롱을 이슥고 꺼내 씹으며 너도 함께 낄낄거린다'고 현상을 조롱하듯이 이야기한다. 그리곤 '우롱차 캔 속에서 우롱으로 고인다'라는 표현에 기대어 고가의 명망있는 양주들이 우롱차 앞에서 우롱당하고 있는지도 모르고 있다고 다소 발랄하게 해학적으로 표현해 놓고 있다.

다음 작품 〈약력 만들기〉에선 또 어떻게 표현을 이어가는지 보도록 한다.

> 골목에서 번쩍거리던 사람들이/ 모여서 만든 책을 보내왔다/
>
> -중략-
>
> 언제 어디서 무얼 했다고 잊지않고 꼼꼼하 돌려가며 해 먹는 반상회 회장까지
>
> -중략-
>
> 명함 문구 전시회다// 나더러 약력을 쓰라 하면 무엇을 쓸까/ 탈 이데오로기 시대의 언더그라운드 운동가적 성향을 가진 이들을 사랑하는 모임을 만들 예정인 사람을 지지하는 일인, 가난하게 살기대회 대상후보, 번쩍거리는 사람들이 지어준 욕쟁이, 깽판쟁이, 싸움닭은 어떤가/ 맨날 깨지는 바위 아래 계란은 또 어때/ 약력 그것, 삭은 빤스 고무줄이다/ 물에 빠진 건빵이다//
>
> —〈약력만들기〉 부분

시인은, 사람들이 어떻게든 자신의 소소한 행적까지 빠짐없이 써서 약력란을 화려하게 채우기 위해 애쓰는 현상을 고발하고 있다. 그러면서 자신의 약력은 밑줄 그은 부분에서 보듯이 '탈 이데오로기 시대의 언더그라운드~, (중략), '욕쟁이', '깽판쟁이' 등으로 스스로를 낮게 표현하면서 이른바 '약력 그것'은 '삭은 빤스 고무줄이'라거나 '물에 빠진 건빵이'라고 약간의 비웃음을 섞어 일침을 날린다.

이쯤 되면 발칙하다 해야할지 발랄하다 해야할지, 설핏 웃음이 나오는 한편으로는 백배 공감이 되기도 한다.

그러나 시인은 때로 작품 속에서 자신이 가야 할 '길'을 찾지 못해 갈팡질팡하는 모습을 보이기도 한다. 이러한 현상은 작가라면 누구나 고민하면서 가는 숙명의 과제일 것이다. 특히나 발칙성을 숨기지 않으며 세상과 당당하게 맞설 것처럼 보여지는 시인이, 끊임없이 고민하고 있는 또 하나의 현상이라니, 조금은 고개를 갸웃하게 하는 측면이 없지는 않다. 다만 다음의 작품에서 시인의 이러한 깊은 고민을 엿보게 한다.

> 누워버린 초록병들/ 둥근 빈 몸에서 눈물이 나요/ 나는 술병 속으로 기어 들어가요/ 누운 술병의 모가지에 걸터앉아/ 다리를 축 늘어뜨려요/ 술병에게 말을 걸어요/ 자, 내가 당신을 비웠나요/ 그러면 당신이 나를 채웠나요/ 텅텅 빈 당신네들 몸속에서는/ 휘파람 소리가 나는데/ 당신이 채운 내 몸에서는/ 휘파람 소리가 나는데/ 당신이 채운 내 몸에서는/ 모공마다 하얀 안개가 피네요/ 안개 핀 모공은 들어오는 길만 알죠/ 길은 이름이 없어/ 매일 다른 길을 만들어요/ 밤새길을 만들어도/ 나가는 길은 없어요/ 내 안에 당신이 살고/ 나는 이제 병 속에 누워 있어요/ 아, 길이 없어요
>
> —〈병 속에 누워〉 전문

시인은, 술을 마시며 '술병 속으로 기어들어' 간다. 곧 술에 취한다. 시인은 이때 술병을 비우고 채운 자아와 타자가 누구인지 주체를 헷갈려 하며 고민을 한다. 분명 들어온 길은 있는데 나가는 길이 없음에 그저 한탄만 하며 병 속에 누워있는 자신을 보고 있는 것이다. 그리곤 주사인지 푸념인지 모를 독백을 뱉는다. '아, 길이 없어요'라고.

3.

하지만 시인은 '어둠이 다녀갈 때마다/ 빛이 스쳐갈 때마다 가슴이 탄로나'는 경험(〈가슴을 진단하다〉)을 한다. 그리하여 '다시 활활 타오를 수도 있'다는 희망을 놓지 않는다. 또 다른 작품 〈길을 누비다〉에선 'U턴의 넓이는 좁을수록 좋다'거나 'U턴의 길이는 짧을수록 좋다'고 이야기하고, 때론 '미욱한 직선을 구부려' '곡선으로 성이 흐르'기(〈만천명월주인옹〉)를 기원한다. 더러 '각이 자라기 시작'할 때도 있지만 그러나 '아직은 서로 덧대려 하는/ 네모와 네모'임을 자각한다. 그리곤 기어이 '어디까지 오르고 싶었을까'(〈담쟁이〉)라고 물으며 자신의 오르고 싶은 욕망조차 감추지 않는다. 곧 '손가락 짚은 곳마다 콕콕/ 발가락 디딘 곳마다 꾹꾹' 누르며 발을 내딛어 보지만 '바람은 돌아갈 길을 잃었다'(〈돌쩌귀에 부는 바람〉)고 말하며 체념하기에 이른다.

그러나 시인은 안다. 즉 '가야 할 길이 고삐를 흔들 때마다 눈에 핏발처럼 번득이는 불꽃이 일'고 차마 '그 빛을 보지 못했'으나, '갈 때 틀어진 길을 돌아오며' '등대에게 묻는다.'(〈등대에게 묻다〉). 끝내 '바다는/ 돌아오는 길을 모'르기도(〈마지막썰물〉) 하지만, 그럼에도 희망을 놓을 순 없다. '젖은 바람 둥지 틀 무렵이면/ 작은 저것 어쩌면 제 몸만큼/ 작은 내일로 피겠지/ 기다림으로 피겠지' 라고 스스로를 위로하며 견디기로 한다.(〈봄날, 코스모스를 심다〉). 그렇게 견딤의 날을 지나고 나면 '샤론의 길을 따라/ -중략- 무궁화 핀다/ (중략) 무궁화 오늘도' 피어날 것이다.(〈무궁화〉). 언젠가 희망은 꼭 그렇게 피어날 것이라 믿기 때문이다.

각설하고, 최희명 시인은 작품 속에서 가급적 직설적 언어를 통해 자신의 발칙성을 매우 도발적으로 드러내 놓고 있다. 반면에 가급적 발랄한 내면의식을 앞세워 해학적 표현으로 나타내고자 애쓴 흔적도 보인다. 무거운 사회적 현상들을 비교적 무겁지 않게 표현하는 특성은 최희명 시인만의 강점이기도 하다. 다만 시를 쓰기 전 유념해야 할 첫 번째 과제는 무엇보다 간결한 압축미와 시인의 흐트러져 있는 내면의 의식들이 깔끔하게 정돈되어야 하는 것이 우선되어야 한다는 점이다. 즉 절제미와 함축된 의미를 어떻게 살려내는가가 시의 완성도를 높이는 지름길임을 모르지 않을 터.

"지친 자의 유토피아"에서 보르헤스는 말한다. '두 개의 똑같은 언덕은 없다.'

앞으로도 본인만의 참신하고 독창적인 세계를 보다 깊이 구축해 가기를 기원해 본다. 더불어서 한 발 더 나아가는 진전과 한결 응축된 작품의 세계를 펼쳐나갈 최희명 시인의 앞날을 기대해마지 않는다.